96
LOS VERSOS DE CORDELIA

Antes de que
Google nos Alcance

Primera edición en Los VERSOS DE CORDELIA, noviembre de 2024

Edita: Reino de Cordelia
www.reinodecordelia.es
✖ 🔲 @reinodecordelia ⬛ facebook.com/reinodecordelia
▶ www.youtube.com/c/ReinodeCordelia01

Derechos exclusivos de esta edición en lengua española
© Reino de Cordelia, S.L.
C/Agustín de Betancourt, 25 - 6º pta. 13
28003 Madrid

El papel utilizado para la impresión de este libro, fabricado a partir de madera procedente de bosques
y plantaciones sostenibles, es cien por cien libre de cloro y está calificado como papel reciclable

Cubierta: Detalle de *Composition VIII* (1823), de Vasili Kandinski

IBIC: DCF | Thema: DCF
ISBN: 978-84-128818-2-0
Depósito legal: M-24606-2024

Diseño y maquetación: Jesús Egido
Corrección de pruebas: María Robledano

Imprime: Técnica Digital Press
Impreso en la Unión Europea
Printed in E. U.
Encuadernación: Felipe Méndez

Antes de que Google nos Alcance

Julián Quirós

Índice

A Gonzalo, que llegó pronto para quedarse

«mientras pueda pensarte
no habrá olvido».

ÁNGEL CAMPOS

«Renaceré yo piedra
y aún te amaré mujer a ti».

JUAN RAMÓN JIMÉNEZ

I. La memoria inventada

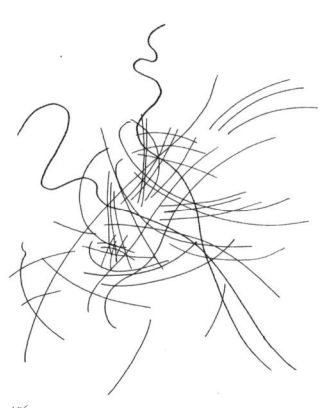

Ellos escribirán el inventario

Todo lo que sabíamos
lo vamos extrañando,
aquello que éramos
ya ni es lo que fuimos,
han desmemoriado
los lazos tejidos y sus restos
colgados en las antiguas paredes
de nuestras certezas.

Se lo van llevando
los aventureros del sigilo
ante la total indiferencia.
Y cuando hayamos olvidado todo
antes aun
nos dirán también lo que no somos,

pero que ya empezamos a sentir, un poco,
y lo aceptaremos, impasibles,
ahítos de confort,
ellos escribirán el inventario
de esta existencia y de las existencias anteriores
y de las que luego vendrán (si así lo consideran).

Por lo visto, lo que nos pasó no fue real.
Estábamos equivocados en el engaño. Nunca ocurrió.
Sucedieron otras cosas
distintas, no percibidas.
Por lo visto, nos faltaban datos,
juicio de verdad revelada
éramos necios, se ve. Ahora ya lo sabemos
porque nos lo consigna el victorioso ejército de los grillos.

Y nos llaman necios. Y se lo agradecemos, incluso.
Impasibles. Y almacenan el pasado
entre el descrédito
de la experiencia acumulada,
se están llevando la vida entera
descolgándola de las paredes de nuestras casas

y de la vivencia compartida,
de nuestras conversaciones
y ninguno se atreve ya a levantar una mano
contra el expolio.
Aunque ahí sigue todo: estamos viendo todavía
los cercos y sus vacíos.

Ya éramos barro

FUERON a por nosotros,
a por todos,
pero parco fue el botín
porque cuando decidieron atraparnos
hace tiempo que ya éramos barro.

Todo nos fue vedado
y tampoco fue suficiente.
Ya sabíamos que también forjarían nuestras conciencias.

Primero nos anularon,
y no les colmó que
dejáramos de significar,
habíamos de ser encerrados
en el confín
de algún agujero digital

y cuando eso pasara
el futuro ya no nos pertenecería.
Pero tampoco les convino así;
era en sí demasiado
todavía valíamos algo.
El solo hecho de estar,
permanecer,
resultaba una agresión,
un gran peligro, apelaban.
Y llegó lo peor.
Entonces sí vinieron contra el pasado
vinieron a liquidarlo.
Al derribo de la memoria,
de las pequeñas historias particulares.
Lo borraron todo.
Primero los libros,
suprimieron las imágenes
los documentos y sus autores
las sentencias y las leyes
los edictos y los prospectos
las marcas
los mapas con sus guías

las listas de instrucciones
pero tampoco quedaron saciados
seguíamos siendo subversivos
por los impulsivos recuerdos
perdurables, silvestres
de cada cual
de los individuos
de los abuelos
y las familias,
quedaban las emociones descontroladas
lágrimas
instantes
heridas
persecuciones,
todos fuimos víctimas
de la memoria inventada.
Me dieron un código
el mío
me dieron un nombre
la identificación
con todo lo que debía saber y recordar.

Fuimos al fin «liberados»
tras ser desposeídos
como nunca antes ocurriera
en la avaricia de los siglos.
Yo soy mi código
y todo lo que no figura dentro es delito
está prohibido
todo lo que quede fuera de mi cédula
aunque pueda recordarlo
es ya completamente falso.

Contra esta identidad averiada

Fueron vidas comunes,
convencionales
pero fueron nuestras vidas
y las vidas de los padres, que se fueron
y las de otros que vendrán, o eso imaginábamos
aunque ya nada es definitivo.

Todo el abecedario fue laminado
a escobazos
con la potencia del cambio
implacable.
Enterrada la memoria acumulada,
interrumpida,
la memoria se deshilvanó
por desuso

sin revolución violenta
ni asomo de resistencia.

Nos están borrando todo lo que creímos aceptar
cuando no sabíamos entender la realidad.
Y nos están ajustando, porque se trata de eso
de hacernos mejores a la manera nueva.
Han venido para recuperarnos
esa es nuestra suerte
y debemos aceptar el orden impuesto
contra esta identidad averiada.

Ahora debo reparar mis actos
y repasar los inmensos errores
fallos agresiones delitos
cometidos contra los semejantes
víctimas ellos
bajo la potestad irracional
de aquella paternidad heredada
que moldeaba
el hábito civilizador.

A los hechos consensuados

EL PAPEL sobre la mesilla
quedó encendido
desde que el aviso llegara
hace unos días
con la comunicación.

Es solo una falta
pero es la tercera
reincidencia
y ofrecen ayuda
para velar los espejos
de la memoria,
ausencias inexplicadas
a estas alturas.

Advierten descontroles
variados, espontáneos,
laxitud de voluntad enfermiza,
quebrada en tanta recaída
inexactitudes rememoradas
que dañan la convivencia
y molestan al prójimo,
a los inquietos vecinos, a los derechos ajenos,
a los hechos consensuados.

Debería aceptarlo ya
renunciar
a los empeños de los recuerdos
de la rebelde memoria primitiva
que se desajusta ante el orden de nuestros días
perfectos y ordenados.

Con la furia del desdén

EL LIBRO quedó abierto
en la página aquella,
justo a tiempo de que irrumpieran.
Sonó el timbre. Detrás aguardaron
letras cautivas
que ya nadie vendría a liberar,
palabras
sin precio ni rescate.
Pasó la luz del día
y el libro siguió allí
tendido, inmóvil,
detenido en el segundo fatídico.
Luego llegarían los inviernos
y primero voltearon las hojas
con la furia del desdén,

y la lluvia pasajera
soltó su fruto y su metralla
y las páginas empastó,
con dolor.
Tornaron amarillas y marchitas
y corrió la tinta seca
sin pulso ya ni sentido.
El tiempo de los hongos,
el silencio. El destino fue satisfecho
sin entender qué pasó el instante aquel
en el que el futuro quedó en suspenso
y el sino que no fue, cogió otro camino.

Fuimos nosotros

He MIRADO por el ojo
del tiempo fundido
que preserva la prueba irrefutable
de unos alumnos borrados
para siempre.
No queda nadie ya.
Ninguno sobrevivió.
Y caben dudas, de que fuera cierta,
veraz, aquella imagen saturada
y volátil en las esquinas del mapa evaporado.
¿Cuántas vidas adquirimos
hasta dejar atrás los rostros y los nombres
sanguíneos del pupitre distante?

Se advierte la intensidad triste de R,
adivinando la depresión que traería

adherida al porvenir.
Ríen con más ganas quienes necesitan
tapar las heridas vergonzantes.
Apenas se ven muchachos serenos,
templados. La foto
es un manojo de nervios
contenidos para el instante del clic.

Miro por el ojo del tiempo fundido
una escalinata ocupada
por treinta bachilleres alegres
dejando constancia, eso querían,
de que antes que otros muchos,
que vendrían detrás, ellos
estuvieron aquí. Fuimos nosotros.

En un callejón de miserias

HUBO una vez
un crío descalzo
menudo, en un callejón de miserias,
lejos de aquí.

Hubo un turista que fui yo
y le tomó una foto
al niño, mientras
palpaba una pared de tierra muerta.

El chiquillo se fue
grieta adentro
por aquella pared desollada
y hoy quizá
ande entre nosotros

en los suburbios de Europa,
salvado de su destino
(es un decir)
o quizá nunca llegó a encontrar
suelas tenaces
para emprender el viaje
y se quedó atrapado
allí
en el muro
en la pared muerta de la foto.

Y ocurrieron las cosas
de las guerras

Hace medio siglo o más: un juego imantador,
los niños rodean al abuelo,
habitado de horas angostas,
entre las novelas de Marcial Lafuente Estefanía
y la corrida de toros en la tele.
Ancla su hastío en una mesa camilla
de inviernos y veranos de penumbras,
entre sombras de tabaco.
Los nietos preguntan por las cosas de antes,
aquello remoto y desaparecido, oscuro
fábulas
invenciones
dramas
imaginaciones del viejo y sus cuentos,

cuando la tierra por fanegas se medía
y se pesaba en arrobas
con precios de perras chicas
y ocurrieron las cosas de las guerras
los odios de las guerras
las peleas de las guerras
las guerras y sus desvaríos
los crímenes.
Aunque el abuelo habla poco
de las guerras
quizá, como tantos
tiene motivos para callarse
como tantos, como los demás,
por lo que hizo, o lo que no hizo
o por lo que dejó que otros hicieran.
Igual da
la gente sabía entender y orillar
las vergüenzas antiguas
por eso, de las guerras se hablaba poco. Nada.
Cuando el viejo retornaba
a los años de fuego, a los disparos y a las perras chicas

los niños atendían a un tiempo barrido
silenciado
de culpas enterradas por las cunetas.

Anticipando un futuro
de sospechas

Se lo han llevado.
Y los padres se quedan en la playa
con apariencia idiota
sin atreverse a levantar la voz,
viendo cómo trasladan a su niño
el bebé
a cambio de un recibo con sello oficial:
ya figuran como notificados.
Deberán ir el lunes al registro.
El crío llora, un poco,
pero solo al principio;
le dieron una pantalla de juegos.
Los padres se disculpan
con vergüenza y poca voz
piden perdón a todos,

a ver si así arreglan el malentendido,
mientras los demás miramos
entre la reprobación y el disimulo;
también escondemos hijos
de edades vulnerables
y el miedo bloquea la compasión,
nunca sabemos cuándo
pueden llevarse un niño ni porqué,
nos lo quitan
lo alojan unos días
y a veces, si vuelve,
empieza a observarnos
con extrañamiento,
ya no es nuestro hijo
surge el miedo, un recelo espantoso,
ya eres una familia avisada, intervenida,
y pueden acudir cualquier día
y cualquier hora
a por respuestas imposibles
y ninguna contestación es buena.
Te sacan del trabajo
y preguntan.

También de la cama, y preguntan,
no sabes qué decir
pero es igual
perduran las preguntas
te quedas dándole vueltas
y son preguntas que nunca se olvidan,
años después, reaparecen
y te cuestionan
aquello que no comprendiste antes
y que ellos tampoco olvidaron,
están consignadas para siempre,
las preguntas, las respuestas no importan,
y te delatan,
cambian los funcionarios,
pero allí continúan,
como acusaciones;
quedan inscritas en algún expediente
con la solución en blanco,
anticipando un futuro de sospechas.

Se fue por el cuerpo abatido

Más miedo da
y es más vil
la pompa acechante
del peligro
que se mueve tras ellos.

Me ofrecen
lo que no sé si quiero,
o me entregan
lo que acaso ya tengo.
La tentación
de lo imposible
escondida en un puño,

la carta deseada
en mitad del reparto.
Me vienen con todo eso y más
«déjalo todo, esto es para ti».
Toda la oferta queda a la vista,
se van, lo recuento.
Bien poco vale.

La mentira
miente
con educación esmerada,
se presenta afable y social
en el apretón de manos
con el abrazo
y en los besos a dos carrillos, incluso.
Mira de frente la mentira
imperturbable
se hace dueña de la relación
y se mete dentro
dominante

para quedarse ahí.
Cuando vence
la mentira se abre paso
a dentelladas
hiriendo, matando por dentro
al inocente desavisado.
Sí. Con el abrazo entra,
se va por el cuerpo abatido.

Del mundo digital

LA TINTA grotesca
y letal
homicida canalla
el verbo violento
te ha vaciado entero
te ha extinguido
tu ánimo y deja
unas manos
muertas pesadas
como el pájaro caído
al duro suelo
por el certero plomo
del difamador.

Estás herido. Mucho. Lo sabes.
Te pierdes en el laberinto

interior de la pantalla
visible en las hienas
juglarescas danzantes
en círculos
empuñando lanzas mientras tú
de rodillas
caes por un pozo de palabras negras.

Disparan
locuras con apenas gramos de verdad
breves veloces venenosas.
Y no te haces oír
ni a gritos: «Yo no he dicho eso».
Inútil, acaso crees que voceas
para ofrecer tu voz entre la furia desatada
de la masa y su estampida
mientras lapidan al último bufón
sin indulto
con el gatillo del enter.

No tienes salvación,
en las próximas horas

estás solo,
luego las hordas
pasarán de largo,
hacia la próxima refriega,
a por otro inocente,
mientras abandonan tu cuerpo ensuciado
sobre el polvo y la gloria
del mundo digital.

II. Canciones sin iPhone

Viejo mundo celebrado

Tuve una conversación
en la penumbra del tiempo,
los dos a solas
mientras la ciudad ardía de entusiasmos,
nos hemos mirado con esa calma
de siempre
en un espacio suspendido
como la primera vez
que pusimos la mano
sobre la pila de San Gregorio,
en la fría cal de sus muros
la tersa madera encerada
frente a las imágenes
del altar, la capilla sin luz
los óleos opacados
los imaginados rosetones

las cúpulas enhiestas.
Como el descanso flotante.
La vida en modo de pausa.
La sensibilidad despierta
el mínimo susurro
captado al vuelo
las miradas huidizas
la fugacidad de pensar
el recogimiento confortable
la paz del misterio
el ánimo elevado
la alegría reforzada
el renovado sentimiento.
Hemos dado en hablar
sin una palabra de más
sin atender a lo ajeno y nos lo hemos dicho todo.

Jueves Santo

Mɪ memoria
dudosa
algo me trae
de un divino cristo
procesionado
y una virgen
portada
sobre un pañuelo de penas.
De las noches tibias
de jueves santo
en aquellos pueblos
estrellados de gravedad
con cal y devoción
y unos hombros recios
bajo las vegas serenas.

Mientras todavía haya niños
y haya infancias
y pueblos blancos
encalados
recortando penas o pesares,
habrá cristos y vírgenes
santos y cruces
todas las primaveras,
con noches calladas
plenas las calles
y una fe en volandas,
procesionada.

24 de diciembre

Una lumbre de encinas
y memorias antiguas
la cocina calienta
donde los viejos cantan
la huida a Egipto
de unos desarrapados
sin derecho al descanso
ni al cobijo
mientras corre
el aguardiente y el vino
en vasos de duralex
y los niños
comen espesos mazapanes
y escuchan los cantos
que un día transmitirán ellos mismos

mientras no desaparezca del todo
ese mundo extinguido
de privaciones
y sabores apreciados.
Mientras la tele
siga siendo en blanco y negro
y no se construyan las autopistas.

Conocimos las horas vueltas
de las noches limpias de diciembre
cuando las calles de los pueblos
confinaban sus tristezas.

Cada diciembre
volvía el eco
bello y remoto
de la lumbre de encinas
y memorias pasadas
donde crepitaba
el canto repetido
igual
de tantas generaciones:

la huida a Egipto
de los desheredados
sin pan ni techo, casi como nosotros,
deudos
de aquellos labradores
vencidos
repitiendo el romance
en cada cocina con lumbre.
Circulaba el aguardiente y el vino
entre los hombres
y rosquillas de anís
para las mujeres y los niños.
El rito concluyó
de alguna manera
en silencio y sin duelo
como todas las cosas de los pobres.

La vieja libertina

La fiesta
una diosa flaca
libertina, vieja
bebedora
penetrando la sangre
de hombres y mujeres
hasta dominarlos del todo.
Toma el control
embriagador
la celestina
y vuelve volubles
los cuerpos
divertidos, fraternales, afables,
los hace danzar en corros
y cantar a horcajadas

mientras el alcohol
desborda
sus lindes
y las palabras se precipitan
en torrenteras histéricas.
Los cuerpos se juntan
y separan y se abrazan sin descanso
sudan los cuerpos
en una interminable alegría
en los bares
en las plazas
en las cocinas
campos y tálamos,
esparcimientos
desde la noche oscura
en la que descubrieron
la posibilidad del engaño
para compartir la expulsión
de los miedos
y la evidencia del ocaso.

De su cara mirada

Los brillos
las luces del carnaval
no son nada
frente a la sensualidad
de esos ojos verdes
de la diosa tras la máscara.
Está cautiva
del oro de la fiesta
pero por sus ojos
fieramente verdes
sabes
que todo el ropaje opulento
y la risa mundana y alcohólica
apenas le afectan
allí detrás, donde preserva

todo lo otro que oculta.
Solo podemos ver su máscara,
ignoramos los colores del carnaval,
la plaza transformada por la fiesta.
Nos rodean trajes danzantes
como el suyo, bailando
pero en ninguno asoma
el brocal de esos ojos
como no he visto otros.
Fieramente verdes.
Lleva el fuego
en la expresión
y a su paso
se olvida la fiesta y el oropel
a cambio
de su cara mirada.

Verano

Éramos muy jóvenes y bellos
sencillos y rectilíneos
apenas sabíamos nada
pero creíamos entenderlo todo
porque nunca los días terminaban
y el futuro resultaba accesorio.
Tampoco teníamos pasado.
Los exámenes quedaron atrás,
un verano por senda y cada noche una fiesta.
Fuimos indestructibles.

Amarradas van dos niñas
amarradas por las manos

cruzando sombras verticales
con dos vestiditos cortos
uno negro, el otro blanco;
callejean y se pierden
con sus zapatitos de bailarina
tras las calles en feria.

Plaza arriba, la chiquilla
calle abajo, el balón.
En la esquina, disputa de pistolas
y allá en el banco del parque
los cuentos de los viejos.
Era aquello la galopada
de la infancia perenne,
cuando no acababa todo ni cambiaba nada
en la periferia del tiempo.

Amor de feria

Dos iniciales secas
sarmentosas y juntas
abiertas como cicatrices labradas
perennes en la piel del castaño
de un parquecillo cualquiera
suponían la prueba
irrefutable de una pasión
que habría de durar para siempre
o hasta la siguiente feria al menos.
Con dieciséis años
los amores semejan eternidad.
No había redes sociales,
la exhibición de amor se hacía así, impúdica
como ahora,
e igual de volátiles y pasajeras
acababan las muestras de arrebato adolescente.

Hojarasca.
Luego, ninguna
superaba la prueba del tiempo,
apenas una feria como otras,
falsos testimonios
deseos abortados
proyectos inconclusos,
la vida real jugando su suerte.
Al menos esas iniciales
obligaban a portar algo afilado encima
y perder un largo rato
contra la corteza del árbol.
No como esto de hacer clic
y soltarle un grito obsceno al mundo
sin esfuerzo, sin pensarlo mucho ni poco.

Chica de agosto

CAFÉ con hielo
sopor de tarde
acecha el sol.
La muchacha suda
la gota le cae
por la camiseta,
el agua chorrea.
La pierna brava
brazos en aspa
la chancla anclada
al dedo mayor,
vello evaporado
en el rocío del muslo
humedad interior
la blusa la braga

la planta del pie
y el rizo detrás de la oreja.
El verano despierta de la siesta.

Mayoría de edad

CUMPLÍA 18 años
y el hermano mayor
con el que tan regular se entiende
resolvió invitarle
a unos tragos,
enseñarle la noche y sus mareas
los distintos brebajes
y sus nombres, cómo tomarlos
y la forma correcta de pedirlos
a la camarera.
Fue otro rito más,
pero fue el primero que forjaron
juntos en su condición de hombres
recién adquirida.
Las calles oscuras, casi negras,

carbón mojado, callejuelas eran,
barrio viejo
donde se oculta un garito igual que los demás
desinfectado como el aseo de una estación de tren,
intensidad a lejía, a hospital,
sin rastro de tabaco ni alcohol.
Era pronto todavía
se desafiaron los dos, quedamente,
como inesperados camaradas,
un hermano dictando el método
al otro, quien atento escucha por una vez.
Tras los chupitos, pura glucosa,
chuches de alcohol,
fumaron en una cachimba de pega;
más azúcar.
El mayor pagó y se volvieron a casa.
El rito quedaba cumplido.

También fuimos pobres

UNO

El frío escarchaba los pueblos
siempre hacía frío por todas partes,
en la calle y en los monacales pasillos,
pueblos a los que cada primavera
llegaban vendedores del Círculo de Lectores
con sus libros encuadernados en color verde
que se iban pagando
de poco en poco
sin necesidad de ser leídos
y tampoco cubrían contra la escarcha.

DOS

ESTE era un lugar de esos
donde las vacaciones
expulsaban niños a la calle
todas las horas del día.
Un lugar en el que nadie viajaba,
ni marchaba a la playa del deseo.
Los niños aprendían a domeñar a su manera
el hastío del verano, sin opciones.
No había nada por hacer,
salvo tirarse a las esquinas,
buscar sombras confortables,
corrientes de aire,
contar matrículas de coche y perros vagabundos;
hasta la televisión, un canal, empezaba con la siesta.
El día era largo, inelástico, cansino,
nunca pasaba nada en aquellos pueblos,
en las casas faltaban libros y juegos de mesa
y en las tabernas corría un vino peleón
y algunas cervezas mal llevadas.
Bien, eso que era así, en poco tiempo desapareció

y nos estrellamos de golpe
con todo lo que tenemos ahora.

TRES

POR entonces
solo los niños sonreían abiertamente
y no todos, ni siempre, ni en todas partes.
Los hombres, o las mujeres,
nunca paseaban sus risas tontamente por la calle
sin venir a cuento o razón,
evitando así a los entrometidos.
Quizá fuera necedad, o pobreza;
faltaban motivos para la risa boba
y estaba mal vista,
o quizá fuera que antes
la gente se tenía en más dignidad.
Todavía no sabían fingir ante un teléfono móvil.

CUATRO

YO ERA pequeño y pasó como lo cuento,
llamaron

y avisé a la madre, había en la puerta un señor,
eso dije, y después en voz baja añadí
que era un hombre extraño con la ropa sucia,
pedía que le diéramos algo
de comer.
Había banderitas cruzando las fachadas
pasaron los cabezudos y la banda de música
y detrás vino el mendigo.
Yo era pequeño y fue aquella la primera vez.
Se llevó huevos, aceite y un bote con garbanzos.

CINCO

CONOCÍ demasiados hombres
quebrados por el sudor extenuante
braceros y esclavos
que se vaciaban trabajando
con un esfuerzo descomunal
para comprar algo de cena.
Ahora, otros sudan y se agotan
en salas de gimnasio y pistas de *running*
porque buscan ser célebres y guapos.

SEIS

UN TIEMPO aquel
en el que el mundo
paría soldados pobres
en todas las aceras.
Allí los llamaban quintos.
Borrachos, hostiles o simples.
Muchachos todavía
arrancados de sus madres
para hacerse hombres
de la peor manera posible.

Escapar

Escapar
esa era la materia
antes de que se precipitara nuestro mundo.
Escapar, antes de que imagináramos desfallecer,
para hallar las experiencias
que quedaban próximas, pero inasibles
oportunidades con candado
al otro lado de las rejas.

Algunos años más tarde habrían de llegar
los mundos explorables
los personajes de retales
el conocimiento expandido
y la vivencia hallada
mediante el tributo a los libros, casi gratis,

sin moverte de la silla.
Eso lo veríamos después;
antes, de niño, necesitas tocar para sentir,
no te vale con la ilusión
almacenada en la espesura de las páginas.

En aquellos primeros años
se intuía la vida mejorada
en los otros, espiando tras las ventanas.
Una mesa de comedor bien compuesta
con los útiles apropiados
es sofisticada y es bonita
y otorga dones voluptuosos:
comida y conversación.
En la mesa resuelta
ya ves algo que comprendes enseguida.

Igual que fascinaban los feriantes,
con su agitado destino,
nómadas de la fiesta,
las casetas brillantes y bulliciosas
delante de los remolques donde dormían,

sin agua corriente ni calefacción,
vida errabunda, exenta de anclajes,
fugaz, sin lazos ni ataduras duraderas.
Los feriantes parecían alegres, libres
y entendidos. Trotamundos sin gloria.
Transcurrieron años hasta comprender
sus días arrastrados
de pájaros sin amo, pero pájaros de frío,
simulados en una aventura roma
de libertad precaria a cambio
de una existencia alternativa.
Nos valía solo con aquello;
gitanería de coches de choque y rumbas catalanas
luces de colores, metal y polvo
y doscientas pesetas en el bolsillo,
en otra ausencia total de elección.
Y qué podíamos suponer nosotros entonces.

Todo lo que fue

Yo ATIENDO la tierra labrada
de los campos exhaustos
los afligidos postes del telégrafo
endebles
y estirados por la carretera de la estación
cuando los trenes paraban en los pueblos
la peseta cobrada para el gasto de la casa
la radio exultante de coplas
las puertas abiertas sin llave
un sol abrasador de verano entiendo
todo lo que fue y de alguna forma nos avisa.

La aventura de crecer

CRECEN las espigas de poco en poco
dorándose, siempre
que las tengas a vista de la faena
atendidas con el afán de los días
y la constante vigilia del labrador
sin sentir la sed de la ausencia
ni los calores evitados.

Las espigas ni avisan
ni mudan nunca de lugar
aunque queden en parajes
de adolescencia arrebatada.
Las espigas lo son arraigadas a la tierra,
nacidas allá donde están,
y crecen de poco en poco

y sabes que ahí quedan
con seguridad impenetrable.

Las semillas más pequeñas
si has olvidado el cuidado por unos días
tornan enceladas y vibrantes
de voluntad propia, adquirida,
transforman su mocedad
por los bríos incandescentes
desnudados de las primeras nacencias,
capullos de emociones por saturar
desde cuerpos recién avenidos
a la aventura de crecer.

A la conquista del mañana

ABUELOS, padres, tíos,
el eco ancestral
de los tiempos precarios,
antes de las nuevas tablas de la ley,
cuando las tribus amamantaban
sus cachorros junto a abuelos y padres. Y tíos.
Las reglas de entonces,
las reglas de la especie,
criaban las generaciones
felices y protegidas,
sin excesivo miedo al horizonte
con la certidumbre
de ser mecidos en pechos confiables.
Lento era el cuidado
pero se crecía rápido,

pronto se volvían adultas las criaturas
pero nunca de forma absoluta
siempre por detrás de los abuelos, padres, tíos,
hasta que faltaran por la ley del deceso.
La vida expandiéndose, sucesivamente,
amamantando la posteridad sin prohibiciones
de pancartas y asambleas,
esas que acabarían por destruir
los ritos y normas legadas, previas a que la especie
bajara a la conquista del mañana.

Oración primera

Como si diera igual
que todo fuera falso
y que no exista nada
más allá de nosotros,
como si fuera necesaria
una garantía certificada
para rendirnos culto
y dar fe de la trascendencia
que nos ampara
o nos acoge
o nos anilla
para sentir que la vida
es un misterio
donde cada cual hace su camino
libérrimamente, inconsciente

pero nunca podrá hacerlo solo
sin los demás
sin las ataduras que nos soportan
ni las conexiones que nos amparan
entre nosotros
y más allá de nosotros,
hacia los que nos precedieron (atrás)
hacia los que nos seguirán (después)
hacia más allá de nuestro alcance
finito
y hacia lo que comprendemos
pero no acertamos a explicar
más que en el amor
        el arte
        y en la guerra, quizás.

Oración segunda

EL PRIMERO de nosotros
que se recogió en un rincón
apartado, para rezarse a sí mismo,
oscurecido de soledades,
inventó el camino
por el que habría de transitar
la humanidad entera
todos los pueblos de la Tierra
a su manera cada uno
todos de la misma forma
intensa, inmensa, infinita
mediante la que se crearía
el amor
la belleza
la trascendencia
la sabiduría que nos hizo

fuertes y libres,
y también dependientes.

Así aprendimos
a perdurar, a soportarnos
a crear
más allá de nuestras posibilidades
a levantar las escaleras
y los laberintos
que nos convirtieron en seres complejos
vitales imaginativos
grandes desde nuestra cuna
irrelevante
y nacieron las canciones
los credos la pintura
el afecto la sutil inteligencia
las metáforas de la vida inabarcable
los ritos
y más aún, los contextos
que nos volvieron extensos
poderosos
y víctimas de la ciega creación.

Pero también supimos advertirlo
y reconocer las simas
en la fuente primera de la conciencia.
Y nos nacieron las palabras
que nos significaron
más allá de nuestros propios límites:
Padre
Madre
Hijo mío
Toma
Ven
Trabaja
Ayuda
Gracias
Siéntate
Sigue
Perdona
Olvida
Piensa
Descansa.
Ya has cumplido.

III. Prólogo pospuesto

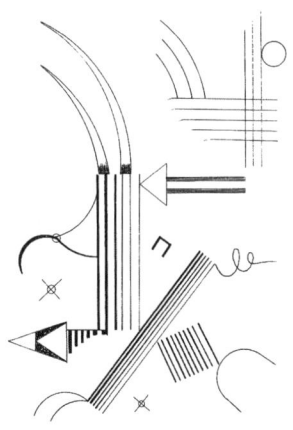

Te DIRÉ que de pronto o no, pero sin aspavientos
ni avisos, cambiaron las claves, modificaron los códigos,
los controles, la señalización, los anuncios.
Nada de lo que sabíamos perduró después.
Todo fue nuevo y agresivo. Ininteligible.
Los viejos dejaron de salir. Ya no entendían
la amenaza exterior, impenetrable.
Y apagaron las pantallas, ocurría lo mismo
que en la calle: apareció un orden desconcertante,
signos incomprensibles, gente desconocida, desafíos.
Los viejos desenchufaron todo, por si acaso,
desconectaron los mecanismos digitales, por prevención,
los cubrieron con ropas viejas, al fondo de los armarios.
Atrancaron las puertas.
El sigilo —sin conversación— se expandió,
resultaba inútil toda resistencia.

Pronto vino la radical extinción.
Muchos ancianos se pasaron años curioseando
en la caja de los recuerdos, con lo poco que salvaron
de la requisa: algunas fotografías, un lapicero, el termómetro,
una cruz, recortes de periódico, una radio sin pilas,
una taza de café de alguna ciudad europea
y cigarrillos medio desechos, cartas sueltas,
una invitación de bodas. Ya no se podía ir a la iglesia,
ni poner viejos reproductores, tampoco leer libros;
toda la memoria almacenada de una civilización
había desaparecido, por obsoleta.
Los ancianos siguieron un tiempo mirando
fósiles dentro de las cajas; alguna pegatina adhesiva
sin sentido, un cepillo del pelo, gafas de leer,
la entrada de un concierto, el póster de una revista,
un chupete y dientes de leche extraviados.

Acostumbraban los ancianos,
encerrados en habitaciones, a sacar aquellos objetos
y tocarlos, repasarlos uno a uno,
tras las huellas de los recuerdos prohibidos,

pretendiendo recuperar las sensaciones pasadas
y sus símbolos; después lo guardaban
otra vez en la caja delatora. Por si acaso.

Todavía entendían sus significados; recordaban.
Luego poco a poco llegó el borrado.
La medicación fue abriéndose paso, a veces algo,
de pronto: un fogonazo deslumbrante,
el amago de una sonrisa,
un pequeño éxito, un detalle descubierto.
El rescate de la memoria devolvía el sentido último
de su presente vaciado, la pérdida,
y un rictus de emoción acompañaba el hallazgo
en unos ojos entumecidos, al percatarse del precipicio,
del sacrificio inmenso al que estaban sometiendo
a una generación condenada al olvido tecnológico.
La obsolescencia.

Los viejos, antes o después, dejaban de abrir la caja,
ni la buscaban ni la hallaban,
tras los intentos por acariciar aquello
sin rumbo ni lógica, salvo la convicción

de que les conectaba con una vida anterior.
Pero al fin todo resultó indescifrable,
igual que lo nuevo que fue viniendo.
Dejaron de encajar en su mundo
sin haber empezado a entender lo inminente,
el presente irrumpido, impuesto. Una incomunicación total,
absoluta, extrema. El exterminio biológico.

Y como llegó el momento en el que los viejos
dejaron de hablar, incluso para sí mismos,
a solas, apenas barro, comenzó el gran silencio.
Inmenso silencio.
Se impuso la vida estática, muda, más vacía que secreta,
en todos los sujetos expatriados de la nueva sociedad.
La afonía se expandió sin concierto,
sucedió la gran pandemia de la palabra hablada,
de la expresión compartida y oral.
Los mayores perdieron el habla, sobrevivieron
para la rutinaria medicina
mientras fueron desfalleciendo uno tras otro.
Cuando enfermaban definitivamente, nada podía hacerse
por aquellas vidas inertes, hospitalizadas

sin la posibilidad de relacionarse.
Lo habían olvidado todo y a su vez estaban
ya completamente olvidados. Había llegado la fase final
del reemplazo. Eran piezas desconectadas, descartadas.
En total desconcierto.

El óbito exterminador se alcanzó con la tecnología digital,
bajo el mandato dominante.
Nada del mundo anterior debía subsistir;
carecía de reputación e interés,
incluso de principios formales.
Se quebró, como una aberración histórica
que duró demasiado, siglos, milenios quizá,
pero que fue anulada en una generación,
gracias a las posibilidades técnicas,
a la voluntad de las élites y al miedo
a combatir un esclavismo que exigía
renunciar al instinto de libertad
a cambio de alimentos, comodidades y fármacos
contra cualquier contratiempo o dolor.
Todo resultó fácil,
una vez disueltos los eslabones más arraigados:

el yo del individuo, el vínculo familiar,
la comunión libre y voluntaria, los afectos íntimos.

Roles superados, aseguraban las nuevas élites,
degradando la condición humana,
parasitando la colectividad. Aceleradamente. Calladamente.
Con una violencia extrema y fragmentada.
Caso por caso.
Para evitar el rechazo, cualquier resistencia colaborativa
o el pensamiento organizado.
En el principio fue el aislamiento,
después la desconexión definitiva,
sin sangre y sin gastar una sola bala.
Murieron todos los que habían de morir.

Por dónde acabar

EL ARRULLO de las pantallas
droga el descanso
en las horas brujas
frente al fuego digital.
Y la ciudad sigue en calma.

Mientras,
un ciego canta todavía sus cupones
en la revuelta del tiempo prohibido:

I
«¿Cabe una verdad
catalogada como falsa
perdurar en las conciencias
contra la norma imperante?».

2
«¿Cómo ha de extinguirse la ilusión
de aquello que nunca llegó a existir?,
según mis documentos afiliativos».

3
«¿Somos acaso un peligro
para nosotros mismos,
podemos hacernos daño
con recuerdos incontrolados?».

4
«¿Deben los hijos temer
a los padres incapaces
y por ello ejercer de vigías
contra los vicios heredados?».

5
«¿Cómo debieron ser las cosas,
en definitiva, cómo sucedieron
en ausencia de los dictados establecidos,
revelados?,
cuando no era delito sostener una memoria distintiva».

Esta primera edición en
LOS VERSOS DE CORDELIA de
ANTES DE QUE GOOGLE NOS ALCANCE
se acabó de imprimir
en el otoño de 2024

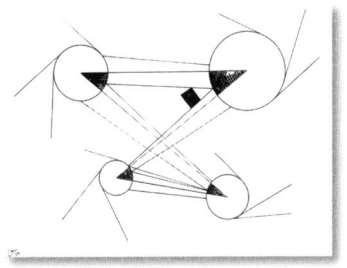